La ciencia del vidrio

Lesley Ward

✹ **Smithsonian**

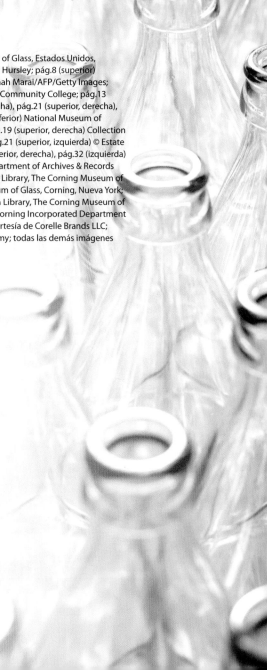

Autora contribuyente

Alison Duarte

Asesores

Jeffrey E. Post, Ph.D.
Director del Departamento de Ciencias Minerales
Curador de la Colección Nacional de Gemas y Minerales
National Museum of Natural History

Stephanie Anastasopoulos, M.Ed.
TOSA, Integración de CTRIAM
Distrito Escolar de Solana Beach

Créditos de publicación

Rachelle Cracchiolo, M.S.Ed., *Editora*
Diana Kenney, M.A.Ed., NBCT, *Realizadora de la serie*
Véronique Bos, *Directora creativa*
Caroline Gasca, M.S.Ed., *Gerenta general de contenido*
Smithsonian Science Education Center

Créditos de imágenes: pág.5 (inferior) Birkerts Building, The Corning Museum of Glass, Estados Unidos, Corning, Nueva York, foto cortesía de The Corning Museum of Glass, © Timothy Hursley; pág.8 (superior) PhotoStock-Israel/Alamy; pág.8 (ilustraciones) Kevin Panter; pág.9 (superior) Shah Marai/AFP/Getty Images; pág.10 DeAgostini/Getty Images; pág.12 (inferior, izquierda) cortesía de Salem Community College; pág.13 (superior), pág.19 (superior, izquierda), pág.19 (inferior, derecha), pág.20 (derecha), pág.21 (superior, derecha), pág.22 (superior, derecha), pág.25 (inferior, derecha) © Smithsonian; pág.13 (inferior) National Museum of Health and Medicine/Alan Hawk; pág.18 (inferior) Jeff Whyte/Shutterstock; pág.19 (superior, derecha) Collection Museum Prinsenhof, Delft; pág.19 (inferior, izquierda) Wellcome Collection; pág.21 (superior, izquierda) © Estate of S.J. Woolf. Collection of the National Portrait Gallery, NPG.87.TC2; pág.21 (inferior, derecha), pág.32 (izquierda) cortesía de Kiva Ford; pág.23 (izquierda) cortesía de Corning Incorporated Department of Archives & Records Management, Corning, NY; pág.23 (derecha) Collection of The Rakow Research Library, The Corning Museum of Glass, Corning, Nueva York; pág.24 (izquierda) Collection of The Corning Museum of Glass, Corning, Nueva York; pág.24 (derecha) The Dianne Williams Collection on Pyrex, The Rakow Research Library, The Corning Museum of Glass, Corning, Nueva York; pág.25 (superior, izquierda y derecha) cortesía de Corning Incorporated Department of Archives & Records Management, Corning, NY; pág.25 (inferior, izquierda) cortesía de Corelle Brands LLC; pág.26 (inferior) dpa picture alliance/Alamy; pág.27 (centro) age fotostock/Alamy; todas las demás imágenes cortesía de iStock y/o Shutterstock.

Library of Congress Cataloging-in-Publication Data

Names: Ward, Lesley, author. | Smithsonian Institution, editor.
Title: La ciencia del vidrio / Lesley Ward.
Other titles: Science of glass. Spanish
Description: Huntington Beach, CA : Teacher Created Materials, [2022] | Translation of: The science of glass. | Audience: Grades 4-6 | Summary: "The unique properties of glass make it the perfect material for work and home. It has been used in laboratories for centuries. Glass containers are also used in kitchens around the world. Learn how glass has played such a huge role in both scientific and culinary exploration"-- Provided by publisher.
Identifiers: LCCN 2021049686 (print) | LCCN 2021049687 (ebook) | ISBN 9781087644530 (paperback) | ISBN 9781087645001 (epub)
Subjects: LCSH: Glass--Juvenile literature. | Scientific apparatus and instruments--Materials--Juvenile literature.
Classification: LCC TA450 .W3718 2022 (print) | LCC TA450 (ebook) | DDC 620.1/44--dc23/eng/20211117

Teacher Created Materials

5301 Oceanus Drive
Huntington Beach, CA 92649-1030
www.tcmpub.com
ISBN 978-1-0876-4453-0

Contenido

Un material claramente perfecto

Un investigador observa células humanas con el microscopio. Una científica estudia bacterias en una placa de Petri. Un estudiante hierve un líquido en un tubo de ensayo. ¿Qué tienen en común esas actividades? Para todas ellas se necesitan objetos de vidrio. Durante siglos, el vidrio ha sido **esencial** para la exploración científica. Todos los laboratorios del mundo tienen estantes con instrumentos de vidrio.

Los recipientes de vidrio que se utilizan para la ciencia son de distintas formas y tamaños. Los científicos usan vasos de precipitados, botellas y tubos de ensayo. Utilizan matraces, embudos y placas. Cada artículo de vidrio ha sido cuidadosamente diseñado. Cada uno cumple un propósito. Los tubos de ensayo se usan para contener y mezclar líquidos. Los embudos ayudan a transferir líquidos. Los cilindros graduados miden el volumen con precisión.

Una científica usa un microscopio para observar un **espécimen** en una placa de Petri.

El vidrio es el material perfecto para los recipientes científicos. Es transparente, por lo que los científicos pueden ver lo que hay dentro. Casi todos los vidrios **se funden** a altas temperaturas. Pero algunos son resistentes al calor. Eso significa que no se rompen ni cambian de forma al aplicarles calor. El vidrio no reacciona con la mayoría de las sustancias químicas que se usan en los experimentos, ni tampoco las afecta.

La próxima vez que agarres un vaso de agua, tómate un segundo para observar el material asombroso que tienes en la mano. Gracias al vidrio, los científicos pueden realizar investigaciones que hacen del mundo un lugar mejor.

El Museo del Vidrio de Corning (Nueva York) tiene la mayor colección de vidrio del mundo, con más de 45,000 piezas.

obsidiana

Esta punta de flecha azteca está hecha con obsidiana.

collar de obsidiana negra

Los orígenes del vidrio

Aunque el vidrio que utilizamos hoy en día es un material **artificial**, el primer tipo de vidrio que hubo en la Tierra se produce de forma natural. Se trata de la obsidiana. La obsidiana se forma cuando los volcanes entran en erupción. La roca fundida fluye en forma de lava. Cuando la lava se enfría rápido, a veces se endurece y se convierte en un vidrio liso. Suele ser de color negro o verde. También es **translúcida**.

La obsidiana se encuentra en formaciones rocosas en distintas partes del mundo. Hay una gran cantidad de ese vidrio brillante en el acantilado de obsidiana de Wyoming. Se pueden recoger trozos de obsidiana en la base del alto acantilado negro.

A lo largo de la historia, la obsidiana se ha usado para muchos fines. Los indígenas norteamericanos la usaban para fabricar armas, como cuchillos y flechas. Podían romperla fácilmente para darle forma. En la antigua Grecia, la obsidiana se usaba para fabricar espejos.

La obsidiana tiene muchos otros usos en la actualidad. Algunos instrumentos médicos, como los escalpelos, pueden ser de obsidiana. Son incluso más filosos que el acero. Las joyas hechas con obsidiana también son populares. Algunas personas creen que el vidrio tiene propiedades curativas. ¡Otros creen que la obsidiana trae buena suerte!

CIENCIAS

Vidrio fundido

El vidrio se fabrica fundiendo varios minerales juntos. El ingrediente principal suele ser la sílice. La sílice suele estar en forma de arena. Los minerales se mezclan y se funden en un horno. Las temperaturas pueden llegar a 1,700° Celsius (3,100° Fahrenheit). Los sólidos se vuelven líquidos y forman vidrio fundido. El vidrio fundido se retira del horno. En ese momento, es un material **maleable**. Se le da forma y luego se deja enfriar hasta que se endurece.

Los arqueólogos han encontrado pruebas de que la humanidad comenzó a hacer vidrio alrededor del año 1600 a. C. Se hallaron pequeños objetos de vidrio durante excavaciones arqueológicas. Las personas calentaban arena hasta fundirla. Luego, ponían el líquido en **moldes** para hacer lo que necesitaban, como herramientas sencillas y frascos.

Las primeras **vasijas** de vidrio se hicieron con la técnica de formación de núcleos. Las personas cubrían un núcleo de arcilla enrollando hilo de vidrio fundido a su alrededor. Cuando el vidrio se enfriaba, raspaban la arcilla para quitarla toda y quedaba un recipiente hueco. Las vasijas eran pequeñas pero útiles y se usaban para guardar perfumes y medicamentos, entre otras cosas. La gente podía guardar muchos objetos. Muchas personas querían tener vasijas de vidrio.

Esta vasija de vidrio se fabricó en la antigua Roma, en el siglo I d. C.

1 Se forma un núcleo de arcilla.

2 Se introduce una varilla en el núcleo de arcilla.

3 Se enrolla hilo de vidrio fundido alrededor del núcleo.

4 Se forman las asas con vidrio fundido.

5 Se raspa la arcilla para quitarla.

8

El vidrio fundido tiene el espesor de la **melaza** y suele ser de color anaranjado brillante.

Esta ilustración moderna muestra a un soplador de vidrio del antiguo Egipto.

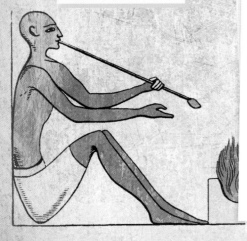

Alrededor del año 300 a. C., los sirios inventaron un tubo para soplar vidrio. Esa herramienta sencilla revolucionó la fabricación del vidrio. En los extremos de unos tubos huecos, los **artesanos** colocaban globos de vidrio que habían ablandado con el calor del fuego. Luego, soplaban por los tubos mientras los rotaban. Esas bocanadas de aire cortas le daban al vidrio una forma similar a la de una burbuja. Esa práctica se conoció como soplado de vidrio. Gracias a esa técnica, los sopladores de vidrio podían hacer vasijas de cualquier forma o tamaño.

Esta ilustración del siglo XV muestra a unos sopladores de vidrio poniendo vasijas en un horno.

En Europa se empezó a fabricar vidrio hace más de mil años. Murano, una isla ubicada cerca de Venecia, Italia, era el centro de la fabricación de vidrio. Los sopladores de vidrio se hicieron famosos por sus habilidades. Eran tratados como miembros de la realeza.

Los artesanos eran tanto artistas como científicos. Experimentaban con el vidrio. A veces, añadían polvos metálicos al vidrio fundido. Con esa técnica, creaban colores brillantes, como el violeta y el dorado. El vidrio era un lujo en aquella época. Era caro. Solo los ricos podían permitirse tener cosas de vidrio. La mayoría de esos objetos estaban hechos con vidrio amarillo o verde.

Luego, a mediados del siglo xv, un químico de Venecia llamado Angelo Barovier inventó el proceso para hacer vidrio transparente. El vidrio se llamaba *cristallo*. Barovier molió guijarros de cuarzo en lugar de usar arena. Su receta y otros métodos eran secretos. ¡Los sopladores de vidrio podían ser condenados a muerte si los compartían!

Los sopladores de vidrio de otros países aprendieron de los italianos. Pronto, el vidrio se extendió por el mundo. Los colonos británicos construyeron la primera fábrica de vidrio en el Nuevo Mundo en 1607.

A principios del siglo xx, un fabricante de vidrio inventó la primera sopladora de vidrio automática. ¡Esa máquina podía hacer 240 botellas de vidrio por minuto! Fabricar artículos de vidrio se hizo más barato. Más gente podía permitirse comprar artículos de vidrio.

jarrón de *cristallo*

guijarros de cuarzo

TECNOLOGÍA

Hornos de fuego

Un soplador de vidrio usa tres hornos para calentar el vidrio. El primero contiene un crisol que se usa para recibir el vidrio fundido. Un crisol es un recipiente que puede soportar altas temperaturas. En el segundo horno, el soplador recalienta un trozo de vidrio mientras trabaja con él. En el tercer horno, se deja enfriar el vidrio lentamente para que no se rompa. Los antiguos sopladores de vidrio utilizaban madera para alimentar el fuego, pero los hornos modernos suelen usar gas.

El soplado de vidrio científico

En el siglo XVIII, la exploración científica era popular en Europa. Las personas querían resolver los misterios del universo. Buscaban el conocimiento. Estudiaron las leyes de la física y la química. Contemplaron el cielo nocturno y aprendieron sobre las estrellas.

Un científico del siglo XIX pone a prueba el vidrio.

Esos científicos reunían materiales y hacían pruebas con ellos. Se dieron cuenta de que necesitaban recipientes para las investigaciones. A veces tenían que almacenar cosas. Otras veces querían hervir líquidos sobre las llamas. El vidrio era el material ideal para esos recipientes.

Los científicos trabajaron con los sopladores de vidrio para diseñar y fabricar recipientes. Si no podían encontrar recipientes adecuados para sus experimentos, los diseñaban. Luego, les pedían a los sopladores de vidrio que los fabricaran. ¡Algunos científicos aprendieron a soplar vidrio para poder hacer sus propios recipientes!

Una estudiante del Salem Community College funde vidrio.

Los recipientes tenían muchas formas. Se parecían a los vasos de precipitados y los tubos de ensayo que se usan en los laboratorios modernos. A veces, los científicos todavía les piden ayuda a los sopladores de vidrio. Pero hay un problema: no quedan muchos sopladores de vidrio científicos. El Salem Community College de Nueva Jersey quiere cambiar esa situación. Los estudiantes de Salem pueden obtener un título en fabricación científica de vidrio. En su salón de clases hay una hilera de hornos encendidos. Los futuros sopladores de vidrio estudian química. Aprenden a hacer **bocetos** por computadora. Diseñan y fabrican herramientas de vidrio que son esenciales para la investigación.

Un soplador de vidrio crea un instrumento científico.

INGENIERÍA

El primer microscopio

Tres holandeses inventaron uno de los primeros microscopios en el siglo XVI. Estaba hecho de varias lentes conectadas por un cilindro hueco, o tubo. La lente de la parte superior, por la que se miraba, era el ocular. La lente de la parte inferior era el objetivo. Juntas, las lentes hacían que los objetos parecieran unas nueve veces más grandes de lo que realmente eran.

A principios del siglo xx, los alemanes ya habían perfeccionado la fabricación de vidrio con una mezcla de sustancias químicas llamada cal sodada. Esa mezcla se utilizaba para hacer la mayoría de los instrumentos científicos de vidrio. Eso fue un problema para muchos científicos durante la Primera Guerra Mundial. Los alemanes no les vendían vidrio a sus enemigos, entre quienes estaban Estados Unidos y Gran Bretaña.

Los científicos estadounidenses comenzaron a fabricar su propio vidrio: el vidrio de borosilicato. Era increíblemente fuerte. Podía soportar altas temperaturas. También podía usarse para trabajar con sustancias **volátiles**.

El vidrio de borosilicato era más caro de fabricar que el vidrio de cal sodada. Pero a los científicos les gustaba su durabilidad. El vidrio de borosilicato se extendió en la comunidad científica. Hoy se puede encontrar en la mayoría de los laboratorios del mundo.

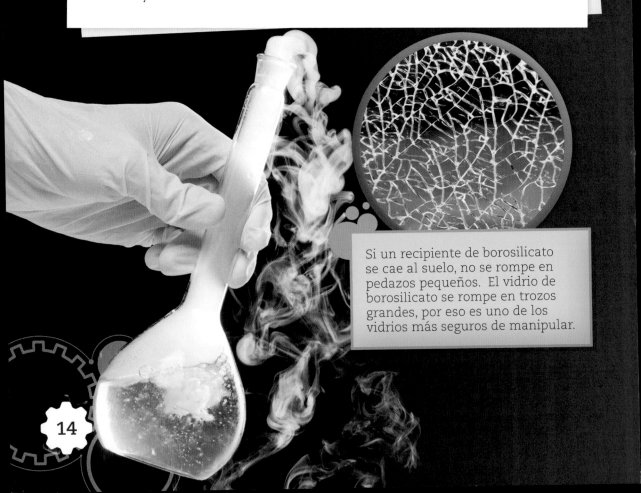

Si un recipiente de borosilicato se cae al suelo, no se rompe en pedazos pequeños. El vidrio de borosilicato se rompe en trozos grandes, por eso es uno de los vidrios más seguros de manipular.

El vidrio y la exploración científica

El vidrio puede ser un compañero de laboratorio perfecto para los científicos. Hay muchos experimentos que no se pueden hacer sin vidrio. El vidrio tiene muchas propiedades que lo hacen adecuado para la ciencia.

En primer lugar, no es **poroso**. No absorbe ni altera la mayoría de las sustancias que toca. En segundo lugar, es transparente. Los científicos pueden ver claramente a través de él. El vidrio también puede adoptar diferentes formas. Un científico puede diseñar un recipiente de vidrio para un experimento en particular. Algunos vidrios se fabrican para que resistan el calor. No se derriten cuando se les expone al calor. Tampoco se expanden con el calor. Pueden soportar temperaturas extremadamente altas. Por último, el vidrio es reutilizable. Un tubo de ensayo puede limpiarse y volver a usarse. Cuando los científicos terminan de usarlo, el vidrio se puede reciclar. Es bueno para el medioambiente.

Un científico se prepara para calentar una sustancia química en un vaso de precipitados de vidrio.

En las investigaciones científicas se usan diferentes tipos de vidrio. Algunos están hechos de cuarzo. El cuarzo es un mineral. El vidrio fabricado con cuarzo es muy resistente. Se utiliza para hacer frascos y tubos para experimentos. También se ha utilizado para las ventanas de las naves espaciales.

Otro tipo de vidrio es el vidrio actínico. Es de color marrón oscuro o ámbar. Protege los materiales sensibles a la luz. También se utiliza el vidrio fritado. Ese vidrio es poroso. Los gases o los líquidos pueden pasar a través de él. El vidrio fritado se usa para filtrar **partículas** sólidas de los líquidos. Algunos científicos utilizan vidrio siliconado. Ese tipo de vidrio ha sido tratado para evitar que los materiales se adhieran a él. Por eso, es fácil limpiar después de un experimento.

A veces los científicos necesitan nuevos tipos de vidrio para resolver problemas. Entonces, ¡inventan sus propios vidrios! Por ejemplo, la radiación nuclear hace que la mayoría de los vidrios se pongan marrones. Eso era un problema en los experimentos nucleares. Los científicos desarrollaron un tipo de vidrio que no se pone marrón. Ese vidrio se ha usado en las ventanas de observación de las centrales nucleares.

Los científicos del laboratorio de Corning Glass Works, una empresa de Nueva York, inventaron el vidrio fotocromático en la década de 1960. *Fotocromático* significa que cambia de color en respuesta a la luz. El vidrio fotocromático contiene pequeños cristales. Esos cristales se agrupan cuando les da la luz. Este tipo de vidrio se usa en las gafas que se oscurecen con el sol.

frasco de vidrio actínico

cristales de cuarzo

Las gafas de visión nocturna suelen tener lentes de vidrio de calcogenuro. Ese vidrio transmite la luz infrarroja, que normalmente no es visible.

La ventana de este transbordador espacial está hecha con vidrio de cuarzo, que es muy resistente.

Recipientes de todo tipo

Los diferentes tipos de vidrio se usan para fabricar instrumentos científicos. Uno de los instrumentos más comunes es el tubo de ensayo. Es un recipiente largo y estrecho, de vidrio delgado. Se utiliza para calentar y almacenar líquidos. Los vasos de precipitados son recipientes más grandes que no necesitan soporte. Tienen boca ancha y un pico vertedor pequeño. Los embudos son tubos con cuello ancho y un conducto angosto. Se utilizan para verter líquidos en recipientes de boca pequeña. Los matraces tienen base grande y cuello pequeño. Suelen usarse para calentar sustancias. Un Fleaker® es la combinación de un matraz y un vaso de precipitados.

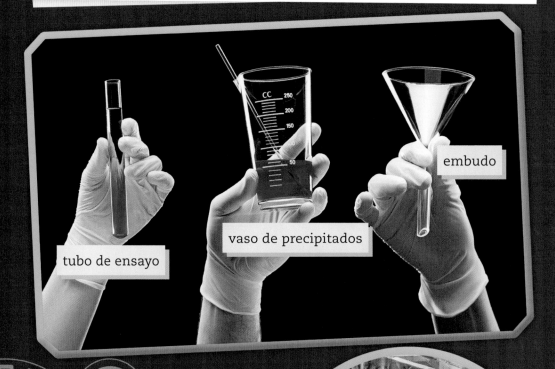

embudo

vaso de precipitados

tubo de ensayo

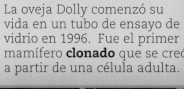

La oveja Dolly comenzó su vida en un tubo de ensayo de vidrio en 1996. Fue el primer mamífero **clonado** que se creó a partir de una célula adulta.

Los recipientes de vidrio se han utilizado en la investigación durante muchos siglos. Algunos llevan los nombres de sus inventores.

Generador de gas de Kipp

generador de gas de Kipp

Petrus Kipp era farmacéutico. Vivía en los Países Bajos. Kipp inventó un generador de gas en 1844. El generador de Kipp tiene tres globos de vidrio. Crea gas cuando un líquido frío reacciona con un material sólido. Los científicos suelen necesitar gases para sus experimentos. El generador de gas de Kipp es fácil de usar. Ayuda a los científicos a crear gases cuando los necesitan.

Petrus Kipp

Tubos de fermentación de Smith

Theobald Smith fue un científico estadounidense experto en bacterias. Quería ayudar a evitar que la gente se enfermara con las bacterias del agua. Por eso, diseñó el tubo de **fermentación** de vidrio. Su tubo se usó para identificar bacterias en el agua potable. Los departamentos de salud usaban su diseño para garantizar la seguridad del agua potable.

tubo de fermentación de Smith

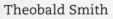

Theobald Smith

Placa de Petri

Julius Petri trabajaba en un laboratorio de Alemania a fines de la década de 1880. Allí diseñó la placa de Petri. Es una placa redonda y poco profunda con una tapa. Se usa para cultivar **microorganismos**, como las bacterias. Las placas de Petri tienen tapa transparente. La tapa protege el contenido de las condiciones externas. También permite a los científicos observar los materiales con o sin microscopio.

La bióloga Dorothy Fennel utiliza un microscopio para ver especímenes en placas de Petri a principios de la década de 1940.

placa de Petri

Bomba de perfusión de Carrel y Lindbergh

Alrededor de 1935, Charles Lindbergh y el Dr. Alexis Carrel inventaron una bomba de vidrio especial. Lindbergh era un piloto famoso. Realizó el primer vuelo en solitario sin escalas a través del océano Atlántico. Pero también sabía mucho de **biomecánica**.

La bomba logró introducir sangre artificial en un órgano que había sido sacado de un animal. La bomba condujo a la invención de la máquina cardiopulmonar. Una máquina cardiopulmonar bombea sangre y oxígeno cuando el corazón se detiene. Realiza la función del corazón y de los pulmones. Los médicos la utilizan en operaciones a corazón abierto.

Esta pintura de 1938 muestra a Carrel y a Lindbergh trabajando en su bomba.

ARTE

Pasión por el vidrio

Kiva Ford es un soplador de vidrio científico. Cada matraz y tubo de ensayo que fabrica está cuidadosamente elaborado a mano. En su tiempo libre, Ford crea obras de arte en su estudio. Hace copas y jarrones de vidrio. Crea delicadas estatuillas de vidrio con forma de animales. Ford estudió tecnología del vidrio en el Salem Community College.

frasco de Ford

21

Del laboratorio a la cocina

El vidrio se utilizaba mucho en los laboratorios a principios del siglo xx. Pero en poco tiempo, se extendió a otras industrias, entre ellas, el ferrocarril. Los trabajadores del ferrocarril tenían un problema. Los globos de vidrio que se utilizaban en las linternas de señalización a menudo se rompían con los cambios extremos de temperatura. Eso era peligroso porque podían chocar los trenes. William Churchill y George Hollister eran científicos de Corning Glass Works, en Nueva York. Ellos querían ayudar, y por eso inventaron un nuevo tipo de vidrio llamado Nonex. Estaba hecho con borosilicato. No se expandía ni se encogía cuando se calentaba o se enfriaba. Esto lo convertía en el material perfecto para las linternas de señalización.

Esta locomotora cuenta con linternas de señalización de vidrio Nonex.

linterna de señalización del ferrocarril

MATEMÁTICAS

Un modelo de vidrio perfecto

Los teléfonos inteligentes tienen un vidrio muy fino. Al principio, los fabricantes de vidrio tenían problemas para lograr que el vidrio fuera siempre delgado. Les pidieron ayuda a los científicos de la Universidad de Oxford. Los científicos desarrollaron un modelo matemático. El modelo predijo lo que el vidrio haría cuando se estiraba en un horno. Estudiaba los efectos de diferentes temperaturas en el vidrio. Eso ayudó a los científicos a descubrir cuál era la mejor temperatura para producir el vidrio perfecto para los teléfonos inteligentes.

La revista *Good Housekeeping* publicó el primer anuncio de Pyrex en 1915.

El éxito de Nonex inspiró a Corning. Entonces, en 1913, Corning contrató a un científico, el Dr. Jesse Littleton. Querían desarrollara más productos de vidrio resistente al calor. Un día, su esposa Bessie le mostró una cazuela que se había roto en el horno. Le preguntó si podía conseguir algo más resistente en su trabajo.

Jesse trajo a casa el fondo que cortó de dos frascos de cristal, y Bessie los usó para hornear un pastel. Los recipientes no se rompieron en el horno.

Inspirado por los experimentos de Bessie en la cocina, Jesse inventó un vidrio más resistente para Corning. La nueva fórmula recibió el nombre de Pyrex®, y su primer producto fue un plato para hornear pasteles. El nombre proviene de un juego de palabras en inglés entre "*pie*" [pastel] y "*right*" [bueno], y de la costumbre de Corning de incluir una *x* en el nombre de sus marcas.

cazuela Pyrex

anuncio de Pyrex durante la Segunda Guerra Mundial

Los productos de Pyrex se convirtieron rápidamente en los más vendidos. Casi todas las cocinas de Estados Unidos tenían una cazuela o un tazón de Pyrex. A la gente le gustaba que fueran transparentes. Podían ver cómo se cocinaba la comida adentro. Los recipientes de Pyrex también eran prácticos. Se podía hornear, servir y guardar la comida en el mismo plato. Los Pyrex no absorbían los olores de la comida. Eran fáciles de limpiar.

Cuando todos creían que los utensilios para hornear no se podían mejorar más, el Dr. Donald Stookey demostró que no era así. Stookey también era científico de Corning. Investigando propiedades del vidrio, sobrecalentó por accidente una placa de vidrio en un horno roto. Ajustó la temperatura en 600 °C (1,112 °F). Pero el horno llegó a 900 °C (1,652 °F). Stookey estaba seguro de que la placa se arruinaría, ¡pero no fue así! La placa se había puesto blanca, pero no se astilló. Gracias a esa **avería** del horno, Stookey descubrió la tecnología de la vitrocerámica. Esa nueva fórmula se usó para hacer CorningWare®, otro tipo de utensilio que tuvo mucho éxito.

La vitrocerámica no solo se utilizó para hornear. El material es tan resistente que el ejército de EE. UU. lo usa en la nariz de los misiles guiados. Protege a los misiles del calor extremo. La NASA también lo usa para fabricar tuercas y tornillos para transbordadores espaciales.

el Dr. Donald Stookey en 1947

narices de cerámica para misiles

cazuela CorningWare

En 2015, World Kitchen fabricó la taza medidora más grande del mundo para el centenario de Pyrex. Mide 1.27 metros (4.2 pies) de altura y tiene 730 litros (193 galones) de capacidad.

GUINNESS WORLD RECORDS

CERTIFICATE

The largest measuring cup was created by World Kitchen for Pyrex Brand (USA) in Chicago, Illinois, USA, on 8 March 2015

OFFICIALLY AMAZING

100 pyrex SINCE 1915

Innovaciones en el vidrio científico

Los científicos siguen investigando las propiedades del vidrio. Experimentan con nuevos ingredientes para mejorarlo. Prueban el vidrio a distintas temperaturas.

Los científicos quieren crear un vidrio que sea aún más resistente para evitar roturas. Eso permitirá enviar más medicamentos de forma segura a distintos lugares del mundo. El vidrio antimicrobiano es un invento reciente. Impide que las bacterias crezcan en el vidrio. Eso reduce en gran medida la cantidad de gérmenes que hay en objetos como los teléfonos inteligentes. Los científicos también han creado un vidrio flexible, más fino que un cabello humano. Puede enrollarse como una hoja de papel.

El vidrio antimicrobiano evita la propagación de los gérmenes en lo que tocamos.

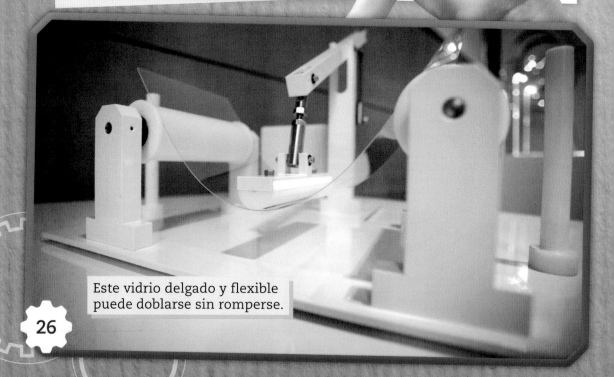

Este vidrio delgado y flexible puede doblarse sin romperse.

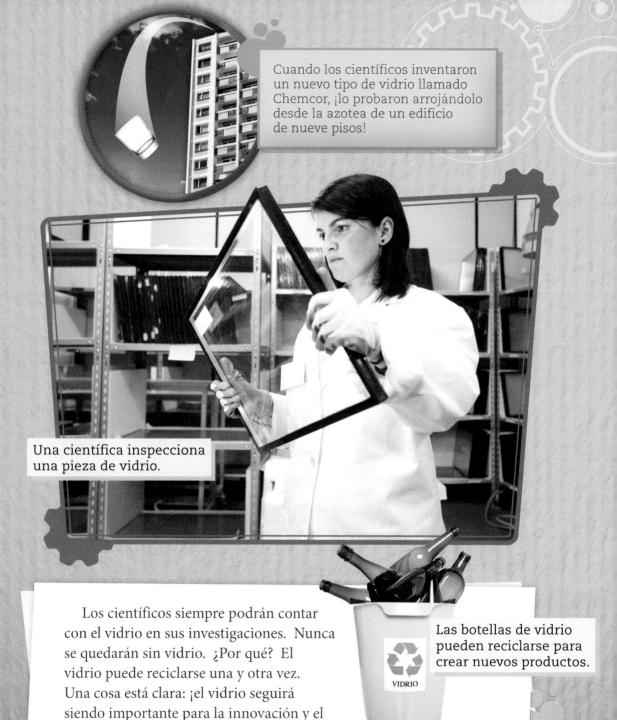

Cuando los científicos inventaron un nuevo tipo de vidrio llamado Chemcor, ¡lo probaron arrojándolo desde la azotea de un edificio de nueve pisos!

Una científica inspecciona una pieza de vidrio.

Los científicos siempre podrán contar con el vidrio en sus investigaciones. Nunca se quedarán sin vidrio. ¿Por qué? El vidrio puede reciclarse una y otra vez. Una cosa está clara: ¡el vidrio seguirá siendo importante para la innovación y el descubrimiento!

Las botellas de vidrio pueden reciclarse para crear nuevos productos.

VIDRIO

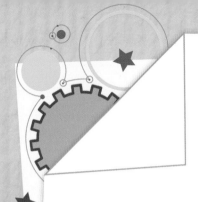

DESAFÍO DE CTIAM

Define el problema

Los invernaderos son edificios diseñados para proteger las hortalizas y otras plantas durante las estaciones frías. Se construyen con vidrio o plástico, que son materiales que atrapan la radiación del sol y aumentan la temperatura en el interior del invernadero. Tu tarea consiste en diseñar y construir un modelo de invernadero que sea eficaz para proteger a una planta pequeña.

 Limitaciones: Tu modelo debe poder albergar una planta pequeña.

 Criterios: La temperatura interna de tu modelo debe ser superior a la temperatura inicial después de estar 20 minutos bajo una fuente de luz.

Investiga y piensa ideas

¿Cómo usan el vidrio los distintos científicos? ¿Cómo inventan los científicos nuevos tipos de vidrio para resolver problemas? ¿Cuál es la propiedad más importante del vidrio? ¿La forma de un invernadero influye en la temperatura?

Diseña y construye

Bosqueja el diseño de tu invernadero. ¿Qué propósito cumple cada parte? ¿Cuáles son los materiales que mejor funcionarán? Construye el modelo.

Prueba y mejora

Instala un termómetro en el interior del modelo y colócalo bajo una fuente de luz. Anota la temperatura inicial del interior del invernadero. Luego, enciende la luz y anota la temperatura cada 5 minutos durante 20 minutos. ¿Funcionó tu invernadero? ¿Cómo puedes mejorarlo? Modifica tu diseño y vuelve a intentarlo.

Reflexiona y comparte

Reúne datos para determinar si la forma de un invernadero cambia su eficacia. ¿Qué forma es más eficaz? ¿Cómo lo sabes? ¿Se te ocurre otra manera de probar tu modelo de invernadero?

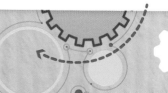

Glosario

artesanos: personas que tienen habilidades para hacer cosas a mano

artificial: hecho por los seres humanos en lugar de ocurrir de forma natural

avería: una rotura o un mal funcionamiento

biomecánica: el estudio científico de la forma en que el cuerpo se mueve y funciona

bocetos: esquemas o bosquejos

clonado: creado como una copia genética exacta de otro ser vivo

esencial: necesario y extremadamente importante

espécimen: una muestra con características muy definidas

fermentación: un cambio químico que hace que la materia se descomponga y produce gases

maleable: se refiere a lo que puede cambiar de forma sin romperse ni agrietarse

melaza: un líquido espeso, dulce y marrón que se obtiene a partir del azúcar sin procesar

microorganismos: seres vivos que solo pueden verse con un microscopio

moldes: envases huecos en los que se vierten o se presionan materiales para hacer figuras

partículas: cantidades o trozos muy pequeños de algo

poroso: con muchos agujeros que dejan pasar los líquidos o los gases

se funden: se derriten por acción del calor

translúcida: se refiere a una cosa que no es completamente transparente, pero deja pasar la luz

vasijas: recipientes huecos pequeños o medianos

volátiles: que pueden cambiar de manera rápida e impredecible

Índice

¿Quieres diseñar instrumentos científicos?
Estos son algunos consejos para empezar.

"Cuando era niño, me regalaron un juego de química grande. Aprendí mucho sobre el vidrio y las ciencias con ese juego. Si quieres trabajar con instrumentos científicos, fíjate qué recipientes tienes en tu casa. Luego, busca maneras nuevas e interesantes de usarlos". —*Jeffery Post, curador*

"Mi trabajo como historiador es hallar instrumentos científicos importantes. Esos objetos documentan y preservan la historia científica. He aprendido que no se necesita ser científico para trabajar con instrumentos científicos. Si estudias historia o eres profesor de ciencias, puedes enseñar sobre los increíbles diseños que hay detrás de los instrumentos científicos". —*Steven Turner, curador*